BEI GRIN MACHT SICH IHR WISSEN BEZAHLT

- Wir veröffentlichen Ihre Hausarbeit,
  Bachelor- und Masterarbeit

- Ihr eigenes eBook und Buch -
  weltweit in allen wichtigen Shops

- Verdienen Sie an jedem Verkauf

Jetzt bei www.GRIN.com hochladen und kostenlos publizieren

Michaela Grell

Formelsammlung BWL II Hauptstudium

Zusammenfassung der wichtigsten betriebswirtschaftlichen Kennzahlen

GRIN Verlag

Bibliografische Information der Deutschen Nationalbibliothek:

Die Deutsche Bibliothek verzeichnet diese Publikation in der Deutschen National-
bibliografie; detaillierte bibliografische Daten sind im Internet über http://dnb.d-
nb.de/ abrufbar.

Impressum:

Copyright © 2006 GRIN Verlag GmbH
Druck und Bindung: Books on Demand GmbH, Norderstedt Germany
ISBN: 978-3-656-71314-2

Dieses Buch bei GRIN:

http://www.grin.com/de/e-book/277694/formelsammlung-bwl-ii-hauptstudium

GRIN - Your knowledge has value

Der GRIN Verlag publiziert seit 1998 wissenschaftliche Arbeiten von Studenten, Hochschullehrern und anderen Akademikern als eBook und gedrucktes Buch. Die Verlagswebsite www.grin.com ist die ideale Plattform zur Veröffentlichung von Hausarbeiten, Abschlussarbeiten, wissenschaftlichen Aufsätzen, Dissertationen und Fachbüchern.

Besuchen Sie uns im Internet:

http://www.grin.com/

http://www.facebook.com/grincom

http://www.twitter.com/grin_com

Formelsammlung
BWL II
Finanzierung
und Investitionsrechnung

Inhaltsverzeichnis

1. Kennzahlensystem zur Finanzanalyse

1.1. Dispositive Analyse

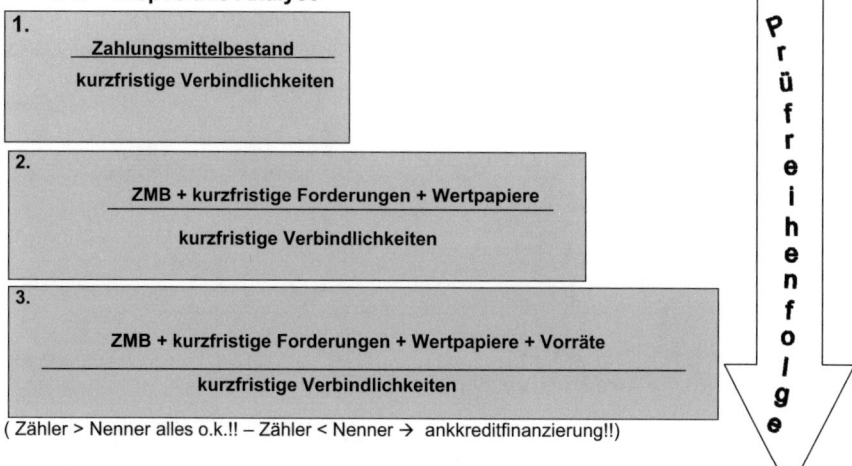

1.

$$\frac{\text{Zahlungsmittelbestand}}{\text{kurzfristige Verbindlichkeiten}}$$

2.

$$\frac{\text{ZMB + kurzfristige Forderungen + Wertpapiere}}{\text{kurzfristige Verbindlichkeiten}}$$

3.

$$\frac{\text{ZMB + kurzfristige Forderungen + Wertpapiere + Vorräte}}{\text{kurzfristige Verbindlichkeiten}}$$

(Zähler > Nenner alles o.k.!! – Zähler < Nenner → ankkreditfinanzierung!!)

Prüfreihenfolge

1.2. Vertikale Analyse (strukturelle Liquidität)

1.2.1. Analyse der Vermögensstruktur / des Immobilisierungsverhältnisses

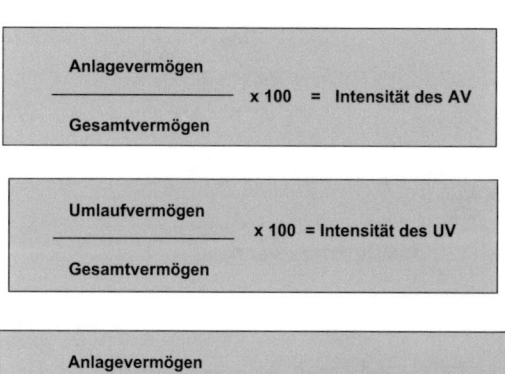

$$\frac{\text{Anlagevermögen}}{\text{Gesamtvermögen}} \times 100 = \text{Intensität des AV}$$

$$\frac{\text{Umlaufvermögen}}{\text{Gesamtvermögen}} \times 100 = \text{Intensität des UV}$$

$$\frac{\text{Anlagevermögen}}{\text{Umlaufvermögen}} \times 100 = \text{Immobilisierungsverhältnis}$$

1.2.2. Analyse der Kapitalstruktur

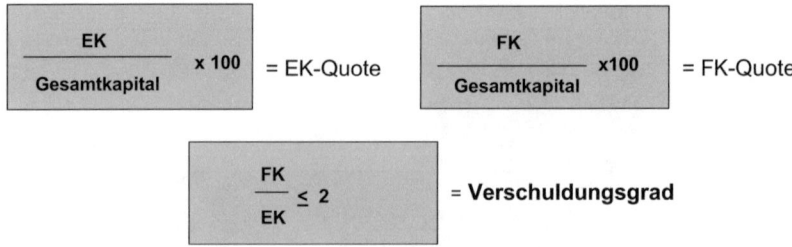

$$\frac{EK}{Gesamtkapital} \times 100 = \text{EK-Quote} \qquad \frac{FK}{Gesamtkapital} \times 100 = \text{FK-Quote}$$

$$\frac{FK}{EK} \leq 2 = \textbf{Verschuldungsgrad}$$

s. Leverage-Effekt

1.3. Horizontale Analyse
„Verhältnis Kapitalbindung zur Kapitalherkunft"

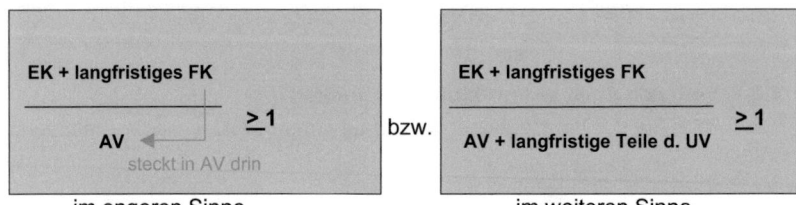

$$\frac{EK + \text{langfristiges FK}}{AV} \geq 1 \qquad bzw. \qquad \frac{EK + \text{langfristiges FK}}{AV + \text{langfristige Teile d. UV}} \geq 1$$

steckt in AV drin

im engeren Sinne   im weiteren Sinne

Verhältnis unbedingt einhalten,
Verstoß wg. Kosten möglich!

1.4. Networking Capital (NWC)

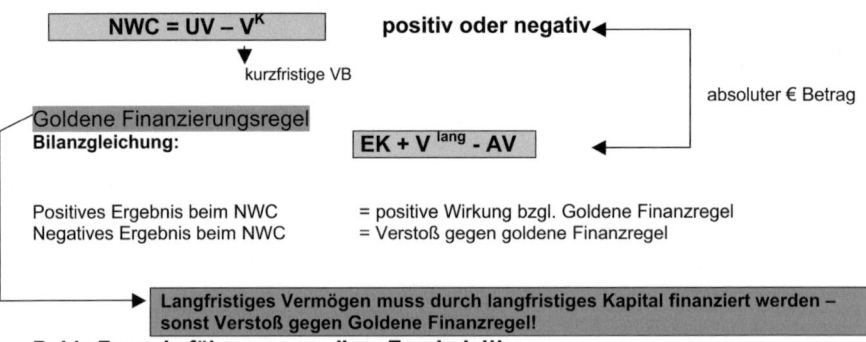

$$\boxed{NWC = UV - V^K} \qquad \textbf{positiv oder negativ}$$

kurzfristige VB

absoluter € Betrag

Goldene Finanzierungsregel
Bilanzgleichung: $\boxed{EK + V^{lang} - AV}$

Positives Ergebnis beim NWC   = positive Wirkung bzgl. Goldene Finanzregel
Negatives Ergebnis beim NWC   = Verstoß gegen goldene Finanzregel

Langfristiges Vermögen muss durch langfristiges Kapital finanziert werden – sonst Verstoß gegen Goldene Finanzregel!
Beide Formeln führen zum selben Ergebnis!!!

1.5. Erforderliches Betriebskapital (EBK)

$$EBK = LB + F_{Lei} + F_{Sonst} + GA - (V_{Lei} + EA)$$

LB	=	Lagerbestände
F_{Lei}	=	Forderung aus Lieferung und Leistung
F_{Sonst}	=	sonstige Forderungen
GA	=	geleistete Anzahlungen
V_{Lei}	=	Verbindlichkeiten aus Lieferung und Leistung
EA	=	erhaltene Anzahlungen

Berechnung des nötigen Betriebskapitals, um das vorhandene UV zu finanzieren

Ende Teil I

----

2. Kapitalerhöhung und Bezugsrecht

Erhöhung des Nominalkapitals um 10 Mio. €
Grundkapital in 4 Mio. Aktien zu Nennbetrag von 5 € (Nominalkapitalwert)
Kurs der Altaktie 180 €
Kurs der neuen Aktie 100 €   ↑
Agio Anteil 95 € = 95 € über Nennwert   Mindestwert für Jungaktien

Zusatz: Mindestnennwert 1 €; Parimission = Emission / Preis muss mind.
Nennwert sein, Agio = überpari, also + Nennwert

Berechnung des Bezugsverhältnisses:

bisheriges Kapital = 4.000.000 (Aktien) x 5 (€) = 20.000.000 €

neues Kapital = 2.000.000 (Aktien) x 5 (€) = + 10.000.000 € nachlesen!!!
→**Bezugsverhältnis 2 : 1 (alt : neu)**

2.1. Bezugsformel

B = Bezugsrecht (Verkaufspreis der Bezugsrechte) in € (z.B.!)
Ka = Kurs alte Aktie
a = Zahl der alten Aktie
n = Zahl der neuen Aktie
Kn = Kurs der neuen Aktie

$$B = Ka - \frac{(a \times Ka) + (n \times Kn)^*}{a + n}$$

$$= 180 - \frac{(4.000.000 \times 180) + (2.000.000 \times 100)}{4.000.000 + 2.000.000}$$

$$= 153,33$$

* in Rot= zukünftiger Mittelkurs an der Börse

$$= 26,67 €$$

Neuaktionäre benötigen <u>zwei Bezugsrechte + Kurs der neuen Aktie</u>!!!

→ 2 x B + Kn → Bsp.: 26,67 € + 26,67 € + 100 €

→ Money Burning Gefahr (5% gesetzl. Rücklage), Rest Kapitalrücklage ohne Verwendung

---

Grundkapital = n x Nennwert
Kapitalrücklage = n x Agio = Erhöhung der EK-Quote

Bilanzwertberechnung=

$$\frac{EK}{\text{Bilanzwert (\%)} \text{ Nominalkapital}} \quad x \quad 100 =$$

... interessant, um veränderte EK-Quote zu sehen bei Kapitalerhöhung aus Gesellschaftsmitteln !

Wichtig: Unterschied zwischen Gezeichnetem Kapital (oder Nominalkapital) und EK !!!

Nennwert der Aktie x (Bilanzwert : 100) = Bilanzwert der Aktie

$$\frac{\text{gezeichnetes Kapital}}{\text{Aktiennennwert}} = \text{Anzahl der Aktien}$$

Anzahl der Aktien x Bilanzwert der Aktie = vorhandenes EK   (Kontrollrechnung)

= EK bleibt immer gleich!

----- ÜBEN ÜBEN ÜBEN!!! ---

3.   Aktienwertbestimmung

3.1.   Buch-/Bilanzwertmethode

Bestimmen des **Bilanzkurses/ Bilanzwertes** : %

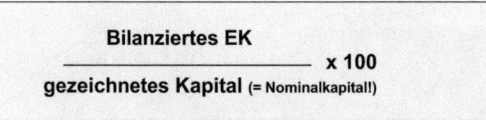

$$\frac{\text{Bilanziertes EK}}{\text{gezeichnetes Kapital (= Nominalkapital!)}} \times 100$$

Bsp.: $\underline{\frac{350.000}{300.000}} \times 100 = 116,67\%$

Bestimmen des **Bilanzwertes der Aktie** (s. auch 2.1.!!)

Nennwert x Bilanzkurs = über-/unterpari

5 € x 1,1667 = 5,83 € ($\rightarrow$ 0,83 € überpari!)

: 100 $\rightarrow$ kaufmännisch mit % rechnen!!!

Bestimmen des **Bilanzwertes der AG**

Bilanzwert der Aktie x Zahl der umlaufenden Aktien

5,83 x 60.000 = 350.010 €

300.000 : 5

Nominalkapital
              Nennwert

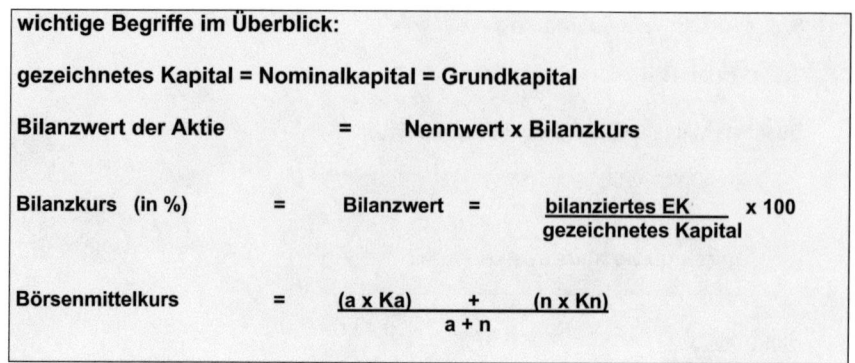

wichtige Begriffe im Überblick:

gezeichnetes Kapital = Nominalkapital = Grundkapital

Bilanzwert der Aktie	=	Nennwert x Bilanzkurs

$$\text{Bilanzkurs (in \%)} = \text{Bilanzwert} = \frac{\text{bilanziertes EK}}{\text{gezeichnetes Kapital}} \times 100$$

$$\text{Börsenmittelkurs} = \frac{(a \times Ka) + (n \times Kn)}{a + n}$$

3.2. Marktkapitalisierung

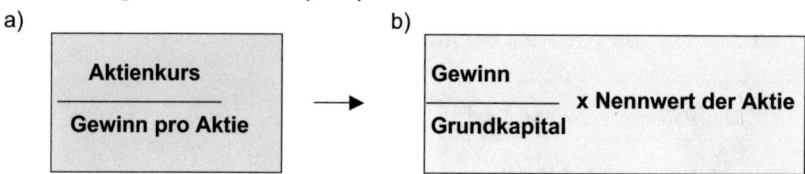

Börsenkurs x Zahl der umlaufenden Aktien

3.3. Kursgewinnverhältnis (KGV)

a)

$$\frac{\text{Aktienkurs}}{\text{Gewinn pro Aktie}} \longrightarrow$$

b)

$$\frac{\text{Gewinn}}{\text{Grundkapital}} \times \text{Nennwert der Aktie}$$

Tiefst- und Höchstkurs ????????????

4. Wechseldiskontberechnung

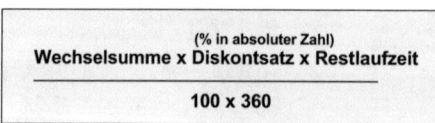

$$\frac{\text{Wechselsumme x Diskontsatz x Restlaufzeit}}{100 \times 360}$$

(% in absoluter Zahl)

5. Effektivverzinsung

$$\frac{(\text{Diskontbetrag} + \text{Diskontgebühren}) \times 100 \times 360}{(\text{Wechselsumme} - \text{Wechseldiskontbetrag}) \times \text{Restlaufzeit}}$$

Diskontbetrag (Betrag ohne Diskontgebühren)
Wechseldiskontbetrag (Diskontbetrag + Diskontgebühr)

6. Factoring

Tatsächliches Zahlungsziel für tatsächliche Summe der Forderungen

$$\frac{\text{Debitorenbestand} \times 365}{\text{Jahresumsatz}}$$

!!!!! Achtung – diese Formel ist nun korrekt!

Debitorenbestandberechnung mit ursprünglichem Zahlungsziel

$$\frac{\text{Tage} \times \text{Umsatz}}{365}$$

Nettogutschrift = Forderungen - Jahreskosten

Bilanzielle Auswirkungen vor und nach dem Factoring Einsatz:

ROI:

$$\frac{\text{Gewinn}}{\text{Umsatz}} \quad x \quad \frac{\text{Umsatz}}{\text{Gesamtkapital}}$$

nach Factoring: **Gewinn zzgl. Einsparung in Debitorenbuchhaltung
Gesamtkapital abzgl. Nettogutschrift**

7. Investitionsrechnung

Wie sinnvoll wird das durch den finanzwirtschaftlichen Sektor bereitgestellte Kapital verwendet?

statische Verfahren	dynamische Verfahren
Kostenvergleichsrechnung	Kapitalwertmethode
Gewinnvergleichsrechnung	Methode des internen Zinsfusses
Amortisationsrechnung	
Rentabilitätsrechnung	

→ ohne Berücksichtigung des Zeitfaktors
Investition

→ mehrere oder alle Perioden d.

7.1. Amortisationsrechnung oder pay-off-Rechnung

→ je schneller, desto besser

$$t_a = I_0 : \overline{C}$$

I_0 = Investitionssumme zum Zeitpunkt der Investitionsmaßnahme

$\overline{C}$ = durchschnittlicher Einzahlungsüberschuss

nicht ausgabewirksame Kosten (finanzunwirksam)

indirekte Berechnung $= G + K_{na}$ (Cashflow Berechnung)

direkte Berechnung $= p$ mal $x - K_a$

Umsatz

ausgabewirksame Kosten

Die Investitionen gegenüberstellen

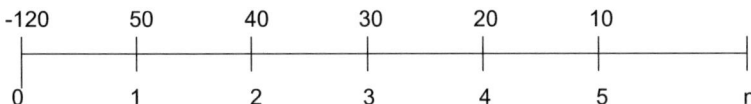

-120	50	40	30	20	10	
0	1	2	3	4	5	n

50 + 40 + 30 + 20 + 10 = 150

150 : 5 = 30 → durchschnittlicher Rückfluss

120 : 30 = 4 Jahre (Durchschnittsmethode bei unterschiedlichen Rückflüssen)

Kumulationsmethode bei unterschiedlichen Rückflüssen:

Jahre	Rückflüsse p.a.	kumulierte Rückflüsse
1	50	50
2	40	90
3	30	120
4		
5		

hier Amortisation schon nach 3 Jahren!

7.2. Kapitalwertmethode

Kapitalwert ist der Saldo aller Zahlungen eines Investitionsprojektes von t_0 bis t_n und der Investitionssumme

Kapitalwert = C_0

a_0 = Anschaffungsauszahlungen

$a_1 ..... a_n$ = laufende Auszahlungen

$e_1 ..... e_n$ = laufende Einzahlungen

i = Kalkulationszins

q = Abzinsungsfaktor $\dfrac{1}{(1 + i)^n} = (1 + i)^{-n}$

Beispiel

t_0 -250
t_1 100 (Auszahlung – Einzahlung)
t_2 100 ⋮
t_3 100 ⋮
i 0,1 ⋮

Periode	Zahlungsreihe	Abzinsungsfaktor	Barwert
0	- 250		
1	100	$(1,1)^{-1} = 0,90909$	90,91
2	100	$(1,1)^{-2} = 0,82645$	82,65
3	100	$(1,1)^{-3} = 0,75131$	75,13

$$= \quad 248,69$$
Ertragswert

Ertragswert   =   248,69 €
Investitionssumme =   250,-- €
_____
-1,31 € → negativer Kapitalwert =
absolute Unvorteilhaftigkeit

Die 10 % entsprechen dem Gewinnanspruch (ROI auf seine Investitionen)
Würde ein niedrigerer Zinsfaktor gewählt werden, wäre es günstiger

Alternative zu dieser Investition: Auslandsinvestition oder Pfandpapier